RÉGLEMENT

DE LA

LOGE DES ARTISTES RÉUNIS

A L'O∴ DE LIMOGES.

CHAPITRE PREMIER.

SECTION PREMIÈRE.

De l'Ordre maçonique et des Maçons.

ARTICLE PREMIER.

L'ORDRE des Francs-Maçons a pour objet l'exercice de la bienfaisance, l'étude de la morale universelle, des sciences et des arts, et la pratique de toutes les vertus.

ART. 2. — Il est composé d'hommes libres, qui, soumis aux lois, se réunissent en société constituée d'après les Statuts généraux.

ART. 3. — Nul ne peut devenir Maç∴ et jouir les droits attachés à ce titre :

1o S'il n'est âgé de 18 ans accomplis ; s'il n'a de bonnes mœurs, et s'il n'a obtenu le consentement de son père ou de son tuteur. Cette dernière condition ne sera exigible que jusqu'à l'âge de 21 ans révolus ;

2° S'il n'a un état libre et honorable ;

3° S'il n'est domicilié depuis six mois dans le département de la Haute-Vienne ; s'il est étranger après six mois de résidence.

Sont dispensés de l'autorisation de leur père ou tuteur, les militaires en activité de service, âgés de 18 ans accomplis et ayant six mois de présence au corps.

4° S'il n'a le degré d'instruction nécessaire pour cultiver sa raison ;

5° S'il n'est admis dans les formes déterminées par les Réglements et Statuts généraux.

ART. 4. — Les droits des Maç∴ se perdent :

1° Par une action déshonorante prouvée maçoniquement ou civilement ;

2° Par l'exercice d'un état servile, ou notoirement déconsidéré dans l'ordre social ;

3° Par la violation des serments de fidélité à l'Ordre maçonique, aux présents Statuts ou aux Statuts généraux dans les cas qui y sont déterminés.

SECTION DEUXIÈME.

De la Composition de la Loge, des Dignitaires, et de leurs fonctions.

ART. 5. — La réunion des M∴ de cet At∴ est constituée à la gl∴ du Gr∴ A∴ de l'Un∴, au nom et sous les auspices du G∴ O∴ de Fr∴, avec le titre distinctif DES ARTISTES RÉUNIS.

ART. 6. — La L∴ est dirigée par des Offic∴ qu'elle élit parmi ses membres. Ces Offic∴ sont :

RÈGLEMENT

De la Loge

DES

Artistes Réunis

A L'O∴ DE LIMOGES

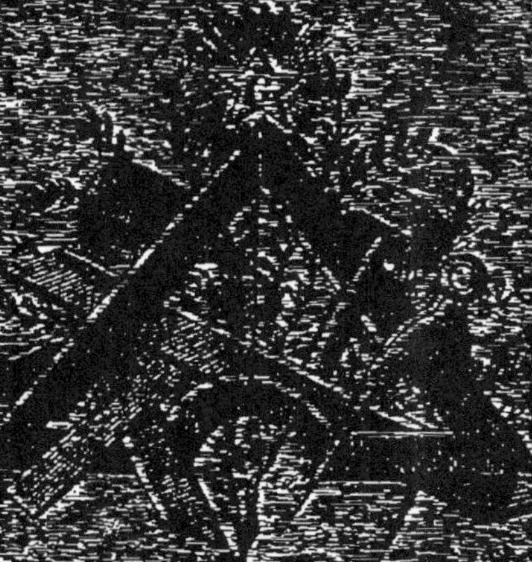

LIMOGES

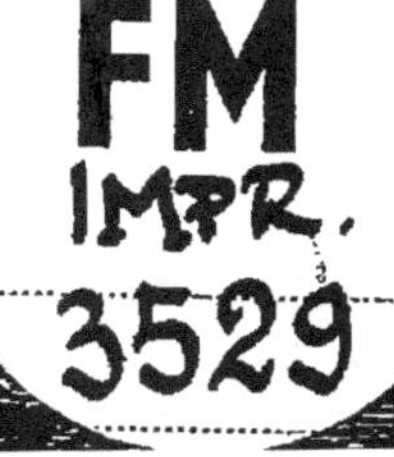

RÉGLEMENT

DE LA LOGE

DES ARTISTES RÉUNIS

A L'O∴ DE LIMOGES.

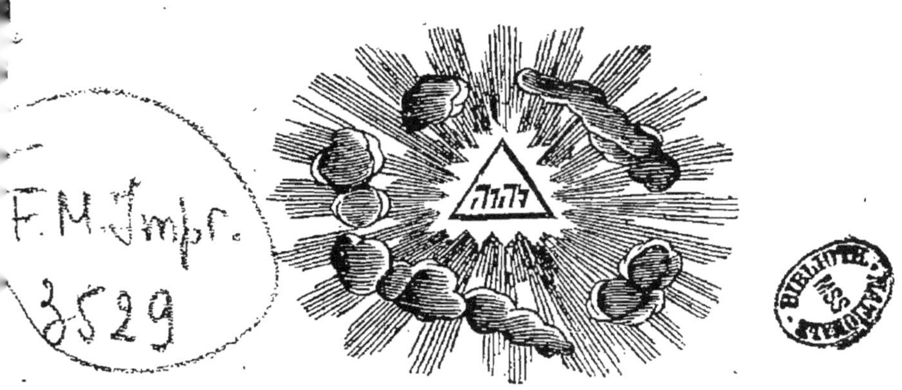

LIMOGES.
IMPRIMERIE D'ARDILLIER, PLACE DES BANCS, 19.

5841.

Le Vén.·.,
Un 1er et un 2me Surv.·.,
Un Orat.·.,
Un Secrét.·.,
Un premier Exp.·.,
Un Député du G.·. O.·.,
Un Trés.·.,
Un Hosp.·.,
Deux MM.·. des cérém.·.,
Un Archiv.·., garde des sc.·. et timb.·.,
Un Archit.·. contrôl.·.,
Trois Exp.·.,
Deux MM.·. des banq.·.,
Deux FF.·. couvr.·.,
Un Adj.·. à l'Orat.·.,
Un Adj.·. au Secrét.·..

Les cinq premiers Offic.·. sont désignés par la qualification spéciale de Lum.·.

Du Vénérable.

ART. 7. — Le Vén.·. seul convoque la L.·. Il en préside toutes les séances ordinaires ou extraordinaires : il est Président-né de toutes les Commissions ou Députations ; il ne peut être repris par aucun F.·. : la voie d'observation est la seule permise à son égard.

ART. 8. — Au Vén.·. appartient exclusivement :

1º D'ouvrir et de fermer les trav.·. ;

2º De mettre les propositions sous le maill.·. ;

3º D'initier les Prof.·. aux myst.·. de la F.·. Maçon.·. ;

4º De conférer les Grad.·. jusqu'à celui de M.·. inclusivement ;

5º De proclamer les résultats des délibérations ;

6º De signer toutes les pl.·. d'architect.·., et de régler la correspondance ;

7º De vérifier toutes les pièces de comptabilité, et d'ordonnancer toutes les dépenses autorisées par la L.·. sur le *visa* nécessaire de l'Archit.·.;

8º De provoquer des délibérations sur tous les objets qui peuvent intéresser la L.·. en particulier ou l'Ord.·. en général.

ART. 9. — Le Vén.·. a le droit de retirer la parole à un F.·. qui s'écarte de l'ordre.

Il peut aussi lui faire couvrir le T.·., et même, dans un cas grave, suspendre ou clore les trav.·.;

Il doit s'abstenir d'influencer l'opinion des Memb.·. de la L.·.; mais il résume les avis, et requiert les conclusions de l'Orat.·.;

Enfin, il est membre-né du G.·. O.·. et représente la L.·. dans toutes les cérémonies et relations extérieures.

ART. 10. — Tout Memb.·. de la L.·. remplaçant le Vén.·. dans ses fonctions, jouit des mêmes droits, pouvoirs et honneurs, pendant qu'il occupe pour lui.

ART. 11. — Le Vén.·., sortant de fonctions, prend le titre d'Ex-Vén.·.; il ne doit, pendant toute la durée de ce titre, être titulaire d'aucun emploi, et ne peut en occuper que momentanément, excepté celui de député au Gr.·. G.·.: sa place en L.·. est à l'O.·., à la droite du Vén.·. dont il est le conseil-né.

ART. 12. — L'adresse de la L.·. est de droit au Vén.·. en exercice.

Des Surveillants.

ART. 13. — Les Surv.·. ont la direction de leur

Col.·. Il leur suffit d'un coup de maill.·. pour obtenir la parole.

Ils transmettent à leurs Col.·. respectives les annonces du V..., y maintiennent l'ordre et le silence, et peuvent retirer la parole aux FF.·. qui la prendraient sans l'avoir obtenue;

Ils ne peuvent être repris en L.·. que par le Vén.·.;

Ils signent, ainsi que lui, toutes les pl.·. officielles et les tracés de chaque tenue;

Le 1er Surv.·. remplace de droit le Vén.·. en son absence;

Le 2e Surv.·. remplace de droit le 1er Surv.·. absent, ou tenant d'office le prem.·. maill.·. : il préside la L.·. en cas d'absence des deux prem.·. Lum.·., et ne peut être remplacé dans ces fonctions instantanées que par le Vén.·. titulaire;

Il reçoit, par l'intermédiaire du 1er Surv.·., les annonces du Vén.·., les transmet à sa Col.·., et rend compte du résultat de ces annonces au 1er Surv.·., qui en informe le Vén.·..

De l'Orateur.

ART. 14. — L'Orat.·. est le conservateur-né des Statuts et Réglem.·. génér.·. de l'Ord.·., ainsi que des Réglem.·. particuliers de cet at.·..

Il doit s'opposer à toute délibération qui leur serait contraire, demander acte de sa protestation et la transmettre au G.·. O.·..

Il s'oppose à l'infraction des Réglem.·. particul.·.; dans ce cas, la L.·. ne peut statuer que dans la séance suivante sur le mérite de cette opposition.

L'Orat.·. est placé à l'O.·.; la parole lui est

accordée sur les objets en discussion; il l'obtient directement du Vén.·.

Lorsque le Vén.·. a résumé les avis, l'Orat.·. donne ses conclusions sans pouvoir les motiver. Il peut néanmoins citer les art. des Statuts généraux sur lesquels il fonde ses conclusions.

L'Orat.·. est spécialement chargé :

1° D'expliquer aux Init.·. les symb.·. des grad.·.;

2° De présenter à chaque fête d'Ord.·. un compte analytique des trav.·. de l'At.·. et de leur résultat pendant le sem.·.;

3° De célébrer les fêtes et les pompes funèbres par des morceaux d'architect.·.;

4° De communiquer toute la correspondance de la L.·., qui doit lui être remise en séance par le Vén.·.;

Enfin, l'Orat.·. assiste de droit au dépouillement des votes recueillis par le scrutin, et signe l'esquisse des trav.·. de chaque tenue pour la collationner avec la rédaction définitive de la pl.·..

Art. 15. — Si l'Orat.·. soumet une proposition, il ne peut, dans ce cas, prendre de conclusion. Son office comme Orat.·. est rempli par l'Adj.·., et, à défaut de ce dernier, par un Memb.·. nommé par le Vén.·..

Du Secrétaire.

Art. 16. — Le Secrét.·. est placé à l'O.·., en face de l'Orat.·.. Il demande, comme lui, la parole au Vén.·..

Il rédige l'esquisse des trav.·., en donne lecture avant qu'ils soient fermés; et, sur cette esquisse, il dresse la pl.·. d'architect.·. qui doit être soumise à l'approbation de la L.·. dans la séance suivante;

Il est chargé de la correspondance, de la rédaction des tabl∴ et de l'expédition des diplômes ;

Il convoque les FF∴ sur le mandement du Vén∴ ;

Il contresigne toutes les pl∴ qui émanent de l'At∴, ainsi que celles qui sont inscrites au livre d'architect∴ ;

Il assiste, comme l'Orat∴, au dépouillement des votes ;

Il a un portefeuille fermant à clef dans lequel il enferme habituellement, tant ledit liv∴ que les notes. Il présente le tout en L∴ à chaque séance.

Des Experts.

ART. 17. — Le 1er Exp∴ remplace le 2e et le 1er Surv∴, et même le Vén∴, en leur absence.

Il est spécialement chargé :

1o De s'assurer avec la plus grande attention des qualités maç∴ de chaque Visit∴, de le tuiler, et de donner son avis au Vén... sur son introduction ;

2o De faire préparer et diriger les ép∴ ;

3o D'introduire et d'accompagner les Init∴ dans leurs voy∴ ;

4o De recueillir les boules ou les bulletins des votes, et d'assister à leur dépouillement.

Le 1er Exp∴ absent est suppléé par le 2e et celui-ci par le 3e Exp∴.

Le 2e et le 3e Exp∴, l'Or∴, le Secr∴, le Trésorier, l'Hospitalier, l'Archi∴-Contrôleur et le Député ne peuvent présider la L...

En cas d'absence des Dignitaires qui ont droit de présider l'At∴, l'Exp∴, ou, à son défaut, le Doyen-d'Age des Membres actifs prend la direction des travaux.

Art. 18.—Les FF∴ Exp∴ reçoivent le Candid∴ à la porte extérieure du local. Ils lui mettent un bandeau sur les yeux, et le conduisent à la chamb∴ des réfl∴

Ils lui font faire les voy∴ extérieurs et intérieurs, conformément au rit pratiqué par la L∴

Art. 19. — Les Exp∴ apportent les métaux et les réponses du Candid∴ au F∴ Couv∴, qui les remet au M∴ des Cérém∴ pour les transmettre au Vén∴

Ils présentent à la porte du Temp∴ le prof∴, qu'ils livrent aux deux Surv∴

Art. 20. — Le 1er Exp∴ se place auprés du 1er Surv∴ à sa droite; le 2e, près le 2e Surv∴ à sa gauche; les deux autres se placent au centre de chacune des col∴, pour aider les Surv∴ à y maintenir le silence, et les avertir du désordre qu'ils n'apercevraient pas.

Du Député au G∴ O∴

Art. 21. — Le Député, après son admission auprès du G∴ O∴, est le représentant élù de la L∴, et celle-ci doit nommer à cette importante fonction le F∴ le plus propre à soutenir la splendeur de l'Ord∴ par ses talents et par ses qualités civiles et maçonn∴

Il a pour mission spéciale de veiller près du G∴ O∴ aux intérêts de la L∴, de communiquer réciproquement à l'un et à l'autre les vœux ou les délibérations d'une importance quelconque, et d'entretenir par tous ses efforts le feu sacré de l'un∴ frat∴

Du Trésorier.

Art. 22. — Le Trés∴ est le dépositaire des fonds de la L∴. Il tient un registre coté et paraphé par le Vén∴, sur lequel il doit porter, par ordre de dates et de numéros, toutes les sommes de recettes et de dépenses.

Art. 23. — Le Trés∴ réclame les cotisation et débet de chacun des Memb∴, et répond de leur montant, s'il laisse passer plus de trois mois sans avertir la L∴ de l'inexactitude des contribuables.

Art. 24. — Il paie toutes les dépenses, tant ordinaires qu'extraordinaires de la L∴, mais seulement sur état certifié de l'Off∴ ou des Off∴ chargés de faire exécuter les objets de dépenses. Cet état doit être en outre appuyé du mémoire des ouvriers ou fornisseurs quittancé par eux, et ordonnancé par le Vén∴.

Art. 25. — Le Trés∴ rend compte de sa gestion et de l'état de sa caisse toutes les fois que la demande lui en est faite par le Vén∴, et il en présente un compte général et final en L∴, avec toutes les pièces à l'appui, à chacune des deux fêtes patronales de l'Ord∴.

Art. 26. — Le Vén∴ s'adjoint deux commissaires pour la vérification des comptes du Trés∴.

Le rapport en est fait ensuite à la L∴ qui les approuve définitivement.

Ce rapport est signé par les Vérificateurs et déposé aux archives après en avoir délivré une copie au Trésorier.

Art. 27. — La place du Trés∴ est à la gauche de l'Adj∴ de l'Orat∴.

De l'Aum∴ hospitalier.

Art. 28. — L'Aum∴ Hosp∴ recueille et est dépositaire des fonds destinés à l'exercice de la bienfaisance.

Art. 29. — Il est chargé de faire circuler le tronc des pauvres, et d'inviter les FF∴ à verser quelques secours.

Art. 30. — Il n'est fait aucune quête extraordinaire qu'en vertu d'une délibération expresse de la L∴, et son produit est toujours mentionné sur le tracé du jour.

Art. 31. — Lorsqu'un F∴ est informé de l'indisposition d'un des membres de la L∴, il doit en avertir le Vén∴. Celui-ci invite l'Aum∴ Hosp∴ à aller visiter le malade, prendre connaissance de son état, s'assurer de ses moyens de secours, lui porter le vœu de ses FF∴. Le Vén∴ fait part à la L∴ du rapport du F∴ Hospitalier.

Art. 32. — S'il arrivait qu'un F∴ de la L∴, étant malade, eût besoin de secours pécuniaires, le Vén∴, sur l'avis qui lui en est donné, et sur le rapport confirmatif de l'Aum∴ Hosp∴, est autorisé à tirer de la caisse des pauvres, et à son défaut de celle du Trés∴, sur son récépissé discrètement motivé, la somme nécessaire au soulagement et à la guérison du malade, sauf à rendre compte à la L∴ de ce que les circonstances l'auront porté à faire.

Art. 33. — Le F∴ qui aura recouvrë la santé sera reçu, lors de sa rentrée en L∴, avec tous les honneurs maç∴ que son âge pourra lui faire accorder. Le Vén∴ lui donnera l'accolade fraternelle au nom de toute la L∴, et son heureux retour sera mentionné sur la pl∴ des travaux du jour.

ART. 34. — Lorsque la L∴ sera instruite qu'un de ses Memb∴ éprouve de l'affliction, elle invitera le Vén∴ à nommer une com∴ composée de trois Memb∴ qui iront, au nom de la L∴, porter à ce F∴ des consolations.

ART. 35. — L'Aum∴ Hosp∴ ne doit délivrer aucune somme sans en exiger un reçu, et sans inscrire par ordre de date sur son registre, les nom, prénoms, domicile et profession du F∴ qui a reçu des secours, ainsi que le montant de la somme accordée.

ART. 36. — L'Hosp∴ peut, en cas d'urgence, délivrer des secours pécuniaires jusqu'à concurrence d'une somme de 5 francs, à un F∴ voy∴ Pour toute somme excédante il sera tenu d'en référer au Vén∴. La même faculté lui est accordée pour les FF∴ qui résident sur l'O∴, jusqu'à concurrence d'une somme qui ne pourra excéder cumulativement celle de 15 francs pour six mois. Pour toute somme excédante, il sera tenu d'en référer à la L∴.

ART. 37. — L'Aum∴ Hosp∴ doit tenir un registre, coté et paraphé, sur lequel il inscrit, jour par jour, et article par article, toutes ses recettes et dépenses. Il le présente au Vén∴ toutes les fois qu'il le lui demande. Il rend son compte général en L∴ à la fin de chaque semest∴.

ART. 38. — L'Aum∴ Hosp∴ est toujours placé à la portée du second Surv∴ et un peu en avant, pour observer les Memb∴ sortant du Temp∴, et leur présenter la boîte des pauvres.

Des Maîtres des Cérémonies.

ART. 39. — Les M∴ des cérém∴ sont chargés de diriger le cérémonial, d'introduire les Visit∴, sur l'ordre du Vén∴, de placer les FF∴ suivant leurs grad∴ et dignit∴, de faire circuler le sac des prop∴, de joindre leurs batt∴ de remercîments à celles des autres Memb∴ de la L∴, des FF∴ Visit∴, des Affil∴ ou des Init∴, et, au besoin, de prendre pour eux la parole.

Ils distribuent les scrutins ou les boules pour les votes, ils vérifient ou rapportent au Vén∴ les mots d'ord∴ ou de semes∴ transmis sur les Col∴.

ART. 40. — Ils reçoivent du F∴ Couv∴ (qui a reçu lui-même de l'Exp∴ Tuil∴) les certificats maç∴, les signatures de confrontation, les mét∴, bij∴, etc∴, selon les cas. Il porte le tout au Vén∴, et reçoit ses ordres.

ART. 41. — Les M∴ des cérém∴ ont soin que chacun soit à la place qu'il doit occuper, et ils ne souffrent pas que des Memb∴ la quittent pour s'employer à quoi que ce soit sans ordre. Ils ont à cet égard tout droit et devoir de police.

ART. 42. — Ils doivent veiller attentivement à ce que les FF∴ Couv∴ fassent leur devoir pour la sûreté du Temp∴; ils informent à voix basse le second Surv∴ des désordres qu'ils remarquent dans l'intérieur.

ART. 43. — Les M∴ des cérém∴ se concertent avec l'Archit∴ pour que le Temp∴ soit décoré suivant les circonstances.

ART. 44. — Ils font signer la feuille de présence, et circulent librement dans la L∴ pour l'exercice de leurs fonctions.

Art. 45. — Leur place est en avant entre les deux Surv.·. plus près du premier que du second. Ils demandent la parole au premier Surv.·., hors le cas où ils n'ont l'intention que de parler au second seul.

Du Garde des Sc.·., Timb.·. et Archiv.·.

Art. 46. — Le Garde des Sc.·., Timb.·. et Archiv.·. est dépositaire des Sc.·., Timb.·. et Archiv.·. de la L.·., et en est responsable.

Art. 47. — Il scelle et signe au-dessous du Secr.·. tous les actes revêtus de la signature du Vén.·. et contresignés par le Secr.·.

Quant aux diplômes, il ne pourra les signer et sceller que sur un reçu définitif du Trés.·., constatant que le requérant a acquitté toutes ses redevances, même le prix du diplôme.

Art. 48. — Il tient un registre coté et paraphé par le Vén.·., sur lequel il mentionne par extrait toutes les pièces qu'il scelle. Cette mention, qui doit être faite article par article, indique la date, la nature de l'acte scellé, et la date de la délibération qui en a ordonné la délivrance.

Art. 49. — Il est dépositaire et conservateur de toutes les pièces d'arch.·. qui ont obtenu l'approbation de la L.·. En les recevant pour les placer au dépôt, il les scelle et les mentionne comme il est dit, mais sur un autre registre, également coté et paraphé à ce sujet ; il porte sur chacune desdites pièces le numéro de l'article du registre où il inscrit.

Art. 50. — Le Garde des Sc.·., Timb.·. et Arc.·., est aussi dépositaire des minutes des statuts, réglements, catéchismes, formules, protocoles, registres anciens abandonnés, comptes et pièces de comptabilités après leur apuration et arrêté, etc. Il les enregistre, comme il est dit, et ne peut se dessaisir ni déplacer rien de ce qui lui est confié, que sur la demande écrite et récépissé du Vén∴, de l'Orat∴ ou du Secr∴ seulement.

ART. 51. — Il doit les communiquer aux FF. de la L∴ individuellement et sans exception, mais sans les déplacer ; il ne peut en délivrer des copies ou extraits qu'en vertu d'une délibération de la L∴.

ART. 52. — Le Garde des Sc∴, Timb∴ et Arc∴ fait, à l'expiration de chaque exercice, un état, en forme d'inventaire numérique, de chaque nature de pièces par lui reçues. Cet inventaire doit être le dépouillement abrégé de son registre tenu exprès, de manière à en servir de table. Il en certifie au bas la conformité et l'exactitude.

Après vérification du tout, l'arrêté du registre est fait et signé, à la même époque, par le Vén∴.

ART. 53. — Les Arch∴ seront déposées en L∴ dans une armoire où se trouvera une cassette fermant avec trois serrures différentes ; le Vén∴ aura une des clés ; le Sec∴ aura la seconde, et la troisième sera pour le Garde des Arch∴.

ART. 54. — La place du Garde des Sc∴ est à la droite du Secrét∴.

De l'Archit∴

ART. 55. — L'Archit∴ fait exécuter les plans arrêtés par la L∴ pour la décoration, l'entretien et l'illumination du Temp∴.. Il donne, à cet égard, les ordres nécessaires aux Ouvriers et aux FF∴ Serv∴, après avoir référé des prix à l'assemblée∴.

Il vérifie , arrête et vise par sa signature leurs mémoires en ce qui le concerne, et en fait l'état énoncé en l'article 24, du Trés.·., pour parvenir aux paiements.

Art. 56. — Il est chargé de la garde et conservation du mobilier de l'At.·.; en entrant en place , il le reçoit sur un inventaire certifié par son prédécesseur et visé par le Vén.·.

A la cessation de ses fonctions, il le remet à son successeur sur un état semblable , avec la mention des augmentations ou diminutions qui ont eu lieu pendant son exercice. Un double de cet état, certifié et signé, comme il est dit , du prédécesseur et du successeur, et visé par le Vén.·. , est remis aux Arch.·.

Art. 57. — Sa place en L.·. est à la droite du 1er Exp.·.

De l'Ordonn.·. des Banq.·.

Art. 58. — L'Ordon.·. des Banq.·. est chargé de tout ce qui concerne les Trav.·. de table, la décoration, l'illumination, le chauffage dans la salle des Banq.·., le choix des matériaux de toutes les sortes, etc. Il veille à ce que les FF.·. Serv.·. n'en manquent pas et n'en abusent jamais.

Il réclamera ou fera réclamer par un F.·. Serv.·. et cela avant la clôture des Trav.·., le montant du prix des Banq.·., à ceux des Memb.·. honoraires ou FF.·. visiteurs qui y auront assisté.

Art. 59. — Il rend compte à la L.·. des recettes et des dépenses des b.·.

Art. 60. — Il se place en L.·. à la gauche du 2e Exp.·.

Des FF∴ Couvreurs.

Art. 61. — L'un des FF∴ Couv∴ se tient toujours à la porte du Temp∴, en dedans ; l'autre se place au bas de l'une des Col∴.

Art. 62. — Les Couv∴ sont spécialement chargés de la sûreté du Temp∴. Ils répondent à tous ceux qui frappent à la porte, en font le rapport au deuxième Surv∴, et n'accordent l'entrée du Temp∴ qu'après avoir eu du F∴ la réponse à sa demande et avoir rempli le vœu de l'art. suivant.

Art. 63. — Les Couv∴ demandent le mot de passe du grad∴ et d'ord∴ à tous le FF∴ qui entrent en L∴, ainsi que le mot de semes∴ aux FF∴ de l'Atel∴ qui entrent en L∴ si ce sont des Visit∴ que l'on annonce, le Vén∴ donne les ordres aux Exp∴ pour les tuiler et les reconnaître.

Art. 64. — Ils ne laissent sortir pendant les Trav∴, aucun Memb∴ de la L∴ que par ordre d'un Surv∴ ou du Vén∴ suivant le cas.

Des Off∴ Adj∴ ou temporaires.

Art. 65. — Les Off∴ Adj∴ remplacent les Titul∴ pendant leur absence, et jouissent, tant que durent leurs fonctions, des mêmes droits et prérogatives. Il en est de même de tout F∴ nommé d'office ou temporairement à une fonction quelconque ; mais les droits qui y sont attachés cessent avec cette fonction.

Art. 66. — L'Orat∴ Adj∴, ou nommé d'office, doit terminer une affaire commencée en l'absence de l'Orat∴ Titul∴ et donner ses conclusions, lors même que ce dernier arriverait pendant la délibération.

Art. 67. — Lorsqu'on recueille les votes par bulletins, les Scrutateurs doivent toujours être choisis parmi les Membres actifs non dignit.·.

SECTION TROISIÈME.

Des Droits d'Élection ou d'Éligibilité aux Offices de Dignitaires.

Art. 68. — Le droit d'élection ne peut être exercé que par les Membres actifs de l'At.·. cotisant depuis trois mois au moins. Il est refusé aux Visit.·., aux Affil ·. libres ou honor.·. qui n'ont pas neuf ans d'activité dans l'At.·., et aux Maçons en état de suspension ou d'interdiction limitée.

Art. 69. — Les conditions pour être élu Présid.·. d'un Atel.·. sont :

1o D'être âgé de trente ans accomplis ;

2o D'être né ou naturalisé français ;

3o D'être reçu Memb.·. depuis trois ans, et domicilié civilement au moins depuis une année dans l'O.·. de l'At.·.;

4o D'être revêtu des grad.·. les plus élevés conférés par l'Atel.·. et d'en être membre actif depuis un an au moins ;

5o Après un exercice triennal, le Vén.·. ne peut être réélu à cette dignité qu'après une année d'intervalle.

Art. 70. — Les conditions exigées par les § 1 et 2 de l'art. 69 sont applicables au député près le G.·. O.·.. Ce mandataire doit, en outre, être :

1o Reçu maçon depuis trois ans ;

2o Membre actif d'une L.·. de Paris ou de la banlieue ;

3º Revêtu des G∴ les plus élevés conférés par l'Atel∴;

4º Domicilié depuis un an dans un rayon de deux myriamètres de Paris.

Aʀт. 71. — Les autres dignitaires ne peuvent être choisis que parmi les FF∴ possédant le troisième grade; ils peuvent être réélus.

SECTION QUATRIÈME.

Mode des Élec∴

Aʀт. 72. — La L∴ sera tenue de procéder chaque année aux élections vers le solstice d'hiver; et au plus tard dans l'assemblée de rigueur qui suivra la fête de l'Ord∴; cette réunion devra être composée au moins du 1/3 des Memb∴ de l'Atel∴, résidant en ville.

Aʀт. 73. — Le jour, l'heure, le lieu et l'objet précis des Trav∴, doivent toujours être annoncés à chacun des Memb∴ d'un Atel∴ par des pl∴ de convocation envoyées à domicile.

Aʀт. 74. — Les élections doivent être faites par bulletins qui sont recueillis par les Exp∴, ouverts et lus à haute voix par le Présid∴, en présence de l'Orat∴, du Secrét∴ et du 1er Exp∴, le résultat en est constaté et écrit, au fur et à mesure, par des Scrutat∴.

Aʀт. 75. — Les élections aux fonctions des sept premières dignités et à celle de député au G∴ O∴, ne sont valables qu'autant que chaque candidat a obtenu la majorité absolue des suffrages. Pour les autres offices, il suffit de la majorité relative.

Aʀт. 76. — Si les Scrut∴ ne sont point d'accord

sur le résultat du scrutin, on procède à un scrutin nouveau.

ART. 77. — Lors des élections des sept premiers Dignit.·. et du Député, si le premier tour de scrutin ne donne point de majorité absolue, le scrutin est recommencé. Si le second tour ne produit point encore cette majorité, on procède à un troisième tour, par ballotage, entre les deux candidats qui ont réuni le plus de voix. Si, par le résultat de ce troisième tour, il y a égalité de suffrages, le doyen d'âge Maçon.·. obtient la préférence; et s'il y a égalité d'âge Maçon.·. elle est accordée à l'âge civil.

ART. 78. — Tout scrutin, où le nombre des bulletins est supérieur à celui des votans, est nul.

ART. 79. — Les Trav.·. pour les élections sont toujours ouverts au moins élevé des Grad.·. que confère l'At.·.,

ART. 80. — Les nominations du Présid.·. et du Député sont communiquées au G.·. O.·., par des pl.·. spéciales, timbrées et signées par les cinq Lum.·.

ART. 81. — Il est du devoir du F.·. O.·. de tracer une pièce d'archit.·. préparatoire le jour des élections, afin de porter chaque F.·. aux choix les plus conformes à la prospérité de la L.·..

ART. 82. — La durée des fonctions des Off.·. est d'un an.

SECTION CINQUIÈME

De l'Incompatibilité des Off.·..

ART. 83. — Il y a incompatibilité,

1º Entre les fonctions de Président et les autres dignités du même Atel.·.

2ᵒ Entre les fonctions de Comptables et celles des Off∴ chargés du visa ou de l'apurement des comptes;

3ᵒ Entre les cinq premières dignités.

SECTION SIXIÈME.

De l'Installation des Officiers.

Art. 84. — Tout Offic∴, avant d'être reconnu et proclamé dans sa nouvelle dignité, prête entre les mains du Présid∴ qui l'installe, l'obligation d'observer fidèlement les Statuts et Réglements généraux de l'Ord∴, ainsi que les Réglements particuliers de l'At∴

Art. 85. — Le Présid∴ nouvellement élu est proclamé et installé par son prédécesseur, et, en l'absence de ce dernier, par le premier Surv∴; enfin, en cas d'absence ou d'empêchement pour l'un et l'autre, par le second Surv∴ ou l'Offic∴ le plus élevé en dignité.

Art. 86. — Immédiatement après son installation, le nouveau Présid∴ procède simultanément à celle des premier et second Surv∴, qu'il proclame et fait reconnaître en cette qualité.

Art. 87. — L'installation des autres Off∴ a lieu collectivement. L'Orat∴ prête l'obligation en leur nom.

Art. 88. — Chacune de ces installations est consacrée par les batt∴ et les acclam∴ d'usage.

Art. 89. — Les installations doivent être faites dans la séance qui suit immédiatement celle des élections.

Art. 90. — Si un Office vient à vaquer pendant le premier sem∴ de l'année d'exercice, il y est pourvu dans les formes prescrites aux art. 72 à 81;

les mais si cette vacance n'a lieu que pendant le second
²s; sem.˙. et pour des fonctions autres que celles des
Surv.˙. et du premier Exp.˙., le Présid.˙. nomme
d'office à ces fonctions pour le reste de l'année.

ART. 91. — Dans le cas prévu par l'article précédent, pour les vacances pendant le second sem.˙.,
le Présid.˙., les Surv.˙. et le premier Exp.˙. sont
remplacés dans l'ordre hiérarch.˙., ainsi qu'il est
prescrit par les art. 13 et 17.

CHAPITRE II.

SECTION PREMIÈRE.

Des Travaux et Pratiques en L.˙.

ART. 92. — Il y aura par mois deux assemblées
obligatoires et de rigueur; elles se tiendront le 1er
et le 3me lundi du mois.

Il y aura aussi une ou plusieurs réunions chaque
mois pour l'instruction. Le Vén.˙. en déterminera
le jour et l'heure.

Les FF.˙. qui n'assisteront pas aux tenues de rigueur, paieront, au profit des pauvres, 25 cent.
pour chaque absence. Le F.˙. hospitalier est chargé
du recouvrement de ces offrandes.

ART. 93. — Les Trav.˙. s'ouvrent à l'heure pré-
cise indiquée par la pl.˙. de convocation. Si les
Memb.˙. présens se trouvent à l'heure dite au nombre de sept, dont cinq Maît.˙., ils peuvent se ré-
partir provisoirement les fonctions, mais de la manière la plus conforme à l'ordre hiérarch.˙. prescrit
par le présent réglement, et ouvrir les Trav.˙. en L.˙.

ART. 94. — Aucun Maç.˙. n'est admis en L.˙. s'il

n'est revêtu des tab∴, des déc∴ et costumes adoptés.

Art. 95. — Tous les Off∴ de la L∴ ayant leur place déterminée par les art∴ en leur chapitre, il ne s'agit que d'indiquer ici les places des FF∴ non pourvus d'offices.

Les Maît∴ se placent sur les deux col∴, suivant leur ancienneté de Maît∴

Les Com∴ sont placés à la col∴ du midi, après les Maît∴, et suivant leur rang d'ancienneté dudit grad∴

Les Appr∴ sont sur la col∴ du nord, après les Maît∴, suivant leur rang d'init∴

Les Associés libres se placent sur les col∴, selon leur grad∴ et leur rang.

Art. 96. — L'Ouv∴ qui arrive en L∴ après l'ouverture des trav∴, après avoir été tuilé et annoncé, et après avoir obtenu la permission d'entrer, doit le faire par les pas du grad∴ dans lequel les trav∴ sont ouverts, et se mettre à l'ord∴

Art. 97. — Si un Off∴ de l'At∴, autre qu'une des trois Lum∴ arrive pendant le cours d'une discussion, il en attend la fin avant de reprendre ses fonctions. Mais personne ne peut être introduit pendant la lecture de la pl∴, la circulation du scrutin, ou la prestation d'un serment.

Art. 98. — Un visiteur, quelque élevé qu'il soit en grade ou en dign∴ ne peut prétendre à des honneurs, des préséances ou des prérogatives autres que ceux ci-après désignés.

Lorsque les GG∴ Dign∴ de l'Ordre ou le représentant du G∴ M∴ visiteront la L∴, ils seront annoncés nominativement; aussitôt ils sont introduits; neuf FF∴ portant des ét∴, si le nombre le permet, précédés de deux Maît.·. des Cérém.·., vont les recevoir à la porte du Temple et les conduisent à l'O.·.; tous les FF.·. sont debout, le glaive en main, formant la voûte d'acier et les maillets batt.·.

Pour l'introd.·. des députations des At.·., dont les présidents font partie, le nomb.·. des éto.·. est de sept; et si les présidents ne s'y trouvent pas, ce nombre n'est que de cinq.

Sont pareillement reçus par cinq FF.·. et un Maît.·. des Cérém.·., avec cinq ét.·. et les autres honneurs, les Off.·. honoraires ou titulaires du G.·. O.·. et tous les présidents d'At.·.

Lorsque le Vén.·. se présente, les trav.·. étant ouverts, l'Off.·. qui préside en son absence, l'annonce à haute voix et envoie cinq FF.·. avec des gl.·. et des ét.·. pour le recevoir. Il est introduit sous la voûte d'ac.·., mail.·. battant, le Maît.·. des Cérém.·. ouvrant la marche.

Parvenu à l'O.·., le Vén.·. d'office lui remet le mail.·. et lui rend compte de l'état des trav.·. Le premier Surv.·. fait applaudir à sa présence.

Art. 99. — Les Ch.·. K.·. et les autres Ch.·. R.·. C.·. sont reçus par le Maît.·. des Cérém.·., tous les FF.·. debout, à l'ordre et glaive en main. Il en est de même à l'égard du premier et du deuxième Surv.·. en exercice, s'ils sont introduits après l'ouverture des trav.·.

Les FF.·. Visit.·. qui ne sont pas R.·. C.·., ainsi que le F.·. Orat.·., après l'ouverture des travaux, et l'Ex-Vén.·., sont reçus les FF.·. étant debout et à l'ordre et conduits à leurs places par le Maît.·. des Cérém.·.

Les autres Dig.·., dans le même cas, sont seulement introduits et annoncés par le Maît.˙. des Cérém.˙.

Les FF.˙. Visit.˙. sont placés à l'O.˙., savoir : le plus élevé en dignité auprès du Vén.˙., et les autres dans l'ordre hiérarchique de leur grade. Les Comp.˙. et les App.˙. sont placés en tête des col.˙.

Art. 100. — En cas d'absence de plusieurs tit.˙., et à défaut de leur remplaçant, le Vén.˙. peut y suppléer par des Maît.˙.

Art. 101. — Tous les Off.˙. veillent, chacun en ce qui le concerne, à ce que le silence, la paix, la décence, la régularité régnent dans les trav.˙., et à ce que les régl.˙. y soient constamment observés. A leur défaut, il est permis à tous les Memb.˙. de réclamer contre les infractions.

Art. 102. — Tous les Memb.˙. placés à l'O.˙. demandent la parole au Vén.˙.

Art. 103. — Les autres Memb.˙. qui désirent la parole s'adressent au Surv.˙. de leur col.˙. qui en transmet la demande au Vén.˙.

A l'O.˙. comme sur les col.˙., le F.˙. qui veut parler se lève, frappe dans les mains pour attirer l'attention et tend la main droite vers le Vén.˙. si c'est un F.˙. de l'O.˙. ; et vers les Surv.˙. si le F.˙. appartient à l'une des col.˙.

Art. 104. — Aucun Visit.˙. n'est introduit qu'après la lecture de la pl.˙. et sa sanction. Il ne peut l'être pendant le cours d'une discussion que dans le cas où le Vén.˙. jugera sans inconvénient de la traiter en sa présence.

Art. 105. — L'entrée du Temp.˙. est refusée à tout Visit.˙. qui n'a aucun titre valable écrit, à moins qu'il ne soit reconnu pour Maç.˙. régulier, certifié par trois des Memb.˙. de la L.˙., dont un

Maît.·. au moins, mais il doit toujours donner le mot du semestre.

L'entrée du Temp.·. est également refusée à tout Memb.·. d'une L.·. irrégulière, c'est-à-dire qui n'est pas reconnue ou constituée par le G.·. O.·. de F.·., à moins que cette L.·. ne soit actuellement en instance ou que ce Memb.·. n'ait fait partie précédemment d'une L.·. régulière, ce qu'il doit justifier par preuves écrites.

ART. 106. — Tout Visit.·. doit donner à l'Exp.·. le mot de passe et d'ord.·. du grad.·., et lui donne, en outre, à l'entrée du Temp.·., le mot de sem.·. actuel ou le précédent.

ART. 107. — Les Visit.·. n'ont voix délibérative que pour les initiat.·. : dans tout autre cas, ils n'ont que voix consultative.

ART 108. — Aucun Memb.·. ne peut demander la parole pour un objet étranger à la discussion pendant qu'elle s'agite ; il doit attendre qu'elle soit terminée.

Le nombre des Memb.·. présents à chaque tenue doit être constaté par la signature individuelle de chacun d'eux, sur un registre préparé à cet effet.

Le Vén.·. signe le dernier, après s'être assuré que personne ne réclame la signature.

ART. 109. — Tout F.·. a la faculté de faire des propositions ; le Vén.·. seul a le droit de les mettre en délibération ; mais il ne peut s'y refuser, si la demande en est appuyée par deux autres Memb.·.

ART. 110. — Toute délibération doit avoir eu l'assentiment de la majorité absolue des votans. En cas de partage égal, l'opinion appuyée par le Vén.·. prévaut.

ART. 111. — Toute décision peut être prise par

acclamation, s'il y a unanimité, par assis ou lévé, ou bien par la voie du scrutin, s'il est demandé par trois Membres ayant droit de voter.

Art. 112. — Le Presid.·., l'Orat.·. et le Rapport.·. d'une affaire ont toujours de droit la parole; nul autre Memb.·. ne peut l'obtenir plus de trois fois dans une même discussion. Cependant le Vén.·. peut provoquer auprès du F.·. de nouvelles explications.

Art. 113. — Les FF.·. qui siégent à l'O.·. obtiennent la parole directement du Présid.·. : elle n'est accordée par lui aux autres FF.·. placés sur les col.·. que sur la demande respective des Surv.·. Le Présid.·. et les deux Surv.·. ont seuls le droit d'interrompre celui qui a la parole, s'il s'écarte de l'ordre ou de la question.

Art. 114. — Toute discussion est fermée après les conclusions de l'Orat.·.; on ne peut réclamer que le scrutin. Les boules blanches sont toujours en faveur des conclusions.

Art. 115. — Il ne peut être pris de décision sur une proposition nouvelle d'un intérêt général dans la séance même où elle est faite. Cette proposition doit être renvoyée à une tenue prochaine, ou à une Commission chargée d'en faire son rapport. Dans tous les cas, il faut qu'elle soit annoncée dans les pl.·. de convocation.

Art. 116. — Un arrêté peut être rapporté dans la même séance où il a été pris si aucun des FF.·. présens à la délibération n'a couvert le T.·. Il ne peut l'être dans une séance suivante, à moins que la proposition du rapport de l'arrêté ne soit formellement indiquée dans la pl.·. de convocation.

Art. 117. — Dans chaque séance il sera dressé

une esquisse des travaux du jour. Cette esquisse est lue et sa rédaction est mise aux voix avant la clôture et signée par le Vén∴, l'Orat∴ et le Secr∴.

Dans l'intervalle d'une séance à une autre, le Secrét∴ la transcrit sur le Livre d'or ou d'Architecture, avec les développements dont elle est susceptible. Cette pl∴ des derniers trav∴ ne peut être adoptée qu'après les conclusions de l'Orat∴.

ART. 118. — Nul ne peut couvrir le T∴ sans la permission du Présid∴ ou du Surv∴ de la Col∴ et sans avoir acquitté le tribut de la bienfaisance.

ART 119. — Il est interdit à tout F∴ de quitter sa place sans la permission du Surv∴ de sa Col∴ à moins que son office ne l'exige. Il est pareillement défendu de tenir des conversations particulières ; en un mot, de troubler l'ordre et la décence des trav∴, sous peine d'être rappelé à l'ordre, ou d'être soumis à une peine plus grave, en cas de récidive.

ART. 120. — Nul F∴, soit Visit∴, soit Membre de l'At∴, ne peut prononcer aucun discours ou pièce d'arch∴, s'il ne les a communiqués au Présid∴ et à l'Orat∴, et s'il n'en a obtenu l'autorisation.

ART. 121. — Les réunions maçon∴ doivent s'abstenir rigoureusement de toute controverse sur la politique, sur le gouvernument et sur les différents cultes religieux.

ART. 122. — On se conformera, pour la tenue des trav∴, à l'ordre suivant :

1° Appel des Offic∴ dign∴ en service, dont le tableau doit être déposé sur l'aut∴ ; on remplacera d'office les Offic∴ absens ;

2° Ouverture de la séance, lecture et adoption de la pl∴ des trav∴ précédens ;

3º Introduction des Visit.˙. (après le tuilage du grade auquel tient l'At.˙.), savoir : des Appr.˙., des Comp.˙., des Maît.˙. et des Chev.˙. R.˙. †.˙ , et successivement jusqu'aux degrés les plus élevés; ensuite des Vén.˙., des autres Présid.˙. d'At.˙., et enfin des Offic.˙. du G.˙. O.˙. :

4º Annonce de l'ordre des trav.˙. du jour, clôture de la feuille de présence, affiliation, régularisation et initiation, s'il y a lieu. rapports, etc. ;

5º Nomination aux offices ou remplacements pour cause de vacance ;

6º Circulation du sac des propositions et du tronc de bienfaisance, communication de propositions à l'At.˙. et annonce du produit de la collecte, qui est remise au F.˙. hospitalier après mention de la somme sur le Livre d'arch.˙. ;

7º Lecture et adoption de l'esquisse des trav.˙. du jour; clôture.

ART. 123. — Le V.˙. choisit les commissions. Cependant, si trois FF.˙. le réclament, l'At.˙. procède à ces nominations par voie du scrutin.

ART. 124. — Lorsque sept Memb.˙., de quelque grade qu'ils soient, demandent une convocation extraordinaire, elle ne peut leur être refusée.

ART. 125. — Dans tous les cas non prévus au présent Réglement, le Vén.˙. consulte les Réglements généraux et, à leur défaut, la L.˙. qui décide à la majorité absolue.

Disposition réglementaire.

ART. 126. — Le dépôt de tous les outils, meubles, formulaires, registres, archives et généralement tout ce qui est confié à la garde des Off.˙., doit être établi dans le local de la L.˙., et dans des armoires exprès. L'Off.·. chargé de chacun de ces objets en a une clef, et le Vé.·. seul une seconde.

Si, en faveur de quelque Off.·. et seulement à cause des écritures à faire, il est partiellement dérogé à cet article, ce ne peut être que du consentement unanime des FF.·., constaté par une délibération exprès, dont la pl.·. du jour fait mention.

SECTION DEUXIÈME.

Initiation et Affiliation.

ART. 127. — Tout Profane qui réunit les conditions exigées par l'art. 3 des présents réglemens, peut être proposé à l'Initiation par un ou plusieurs Memb.·. de la L.·. Celui ou ceux qui le présentent forment la demande par un bulletin signé individuellement et déposé dans le sac des propositions.

Ce bulletin doit contenir les nom, prénoms, demeure, lieu, jour, mois et année de naissance, âge et qualités civiles du candidat.

ART. 128. — Le Présid.·. donne lecture de ce bulletin sans faire connaître le nom des présentateurs, et le remet à trois Commissaires spéciaux, qu'il nomme pour prendre des renseignemens sur la moralité et les autres qualités du candidat et en faire le rapport dans la tenue suivante.

Chaque Memb.·. sera invité à prendre et à fournir des renseignemens sur le candidat.

ART. 129. — La demande en initiation et son renvoi à une commission peuvent, en cas d'urgence, avoir lieu dans l'intervalle d'une séance à l'autre, par ordre du Présid.·.; mais alors la pl.·.

de convocation doit désigner les noms des Prof.·. proposés.

ART. 130. — Si le rapport des Commissaires est favorable, on ouvre la délibération sur l'admission du Prof.·., en le mettant sous le maill.·.. S'il ne l'est pas, le Vén.·. adjoint trois Commissaires aux premiers pour présenter un nouveau rapport dans la prochaine tenue.

ART. 131. — Dans cette seconde séance, si le rapport continue à être défavorable, l'ajournement est déclaré indéfini. Dans tous les cas, l'admission d'un Prof.·. ne peut avoir lieu qu'au scrutin et d'après les conclusions de l'Orat.·., prises d'abord sur la question de savoir si les formalités prescrites par les Réglemens ont été remplies, et s'il y a lieu de procéder au scrutin, et ensuite sur la question de savoir si le Prof.·. sera ou ne sera pas admis.

ART. 132. — Dans le scrutin recueilli pour la réception d'un Prof.·., s'il ne se trouve que deux boules noires il est admis aux épreuves; s'il se trouve trois boules noires, ce Prof.·. est ajourné à la première tenue ordinaire de la L.·. Dans ce cas, et sur le rapport de trois nouveaux commissaires désignés par le Vén.·., si le scrutin présente encore le même résultat, le Prof.·. est ajourné indéfiniment.

Les Membres de la L.·. et les Visiteurs présens au rapport peuvent seuls prendre part au scrutin.

Avant la prestation de serment pour l'admission définitive du Prof.·. un second tour de scrutin aura lieu à la majorité absolue des voix de tous les FF.·. présens à la réception.

ART. 133. — Dans le cas d'un départ prochain et dont l'urgence doit être reconnue par la L.·., un Prof.·. peut être reçu séance tenante, s'il réunit en sa faveur l'unanimité des suffrages par la voie du scrutin et si la demande de son admission est formée ainsi qu'il est prescrit, art. 127.

Art. 134. — Les demandes en affiliation ou régularisation sont soumises aux mêmes formalités que celles qui sont prescrites pour les initiations. On se conformera à cet égard aux art. 208 à 212 inclusivement des Statuts généraux, relatifs aux régularisations, et aux art. 271 et 273 des mêmes Statuts, pour les affiliations.

L'affiliation ou la régularisation d'un Candidat est également accordée, sur les conclusions de l'Orat.·., par la voie du scrutin des boules : mais dans ces deux cas, il suffit de la majorité des deux tiers des votans.

Art. 135. — Si la majorité n'est pas obtenue au premier tour de scrutin, il est recommencé, et si ce deuxième tour ne la donne pas, l'ajournement a lieu à la prochaine séance.

Art. 136. — Il est procédé à un troisième tour de scrutin dans la séance indiquée, et si le résultat est encore défavorable au Candidat, l'ajournement est déclaré indéfini.

Art. 137. — Si, dans le nombre des récipiendaires, il se trouve un ou plusieurs louvet.·., ils seront reçus les premiers, tous droits compensés entre eux.

SECTION TROISIÈME.

De la division et collation des Grades.

Art 138. — Aucun Memb.·. de la L.·., et qui n'a

2.·.

pas cessé de l'être, ne peut acquérir de nouveau grad.·. que dans la L.·. même, à moins que ce nouveau grad.·. n'y existe pas de manière à pouvoir y être conféré.

ART. 139. — L'intervalle de temps à observer pour la collation des gr.·. à partir de l'époque de l'initiation doit être tel qu'on ne puisse être reçu comp.·. qu'à 21 ans 5 mois, Maît.·. à 21 ans 7 mois.

A l'égard des initiés âgés de plus de 21 ans, ils ne pourront être reçus Comp.·. que 5 mois après leur réception au gr.·. d'App.·. et M.·. que deux mois après l'admission au grade de Comp.·.

ART. 140. — Néanmoins, en cas d'urgence constatée par l'affirmation d'honneur de trois FF.·., Memb.·. de l'Atel.·., et reconnue par une délibération expresse de la L.·., à la majorité des deux tiers des suffrages, les délais du Compagn.·. et de la Maîtrise pourront être abrégés, sans que ces gr.·. soient cependant jamais conférés le même jour que celui d'App.·.; l'affirmation, les noms des FF.·. qui l'auront fournie et la délibération de l'Atel.·. seront consignés au livre d'or.

ART. 141. — Tout F.·. qui croira mériter un nouveau grad.·., invitera le F.·. Surv.·. sous lequel il a travaillé à en faire pour lui la demande, laquelle n'aura jamais lieu qu'en L.·. de rigueur.

Le Vén.·. prendra les conclusions de l'Orat.·. sur cette demande. Si elles sont favorables, la proposition pourra être soumise au scrutin par boules, à la séance de rigueur suivante; s'il s'en trouve un tiers de noires, la proposition ne sera pas accueillie et ne pourra être reproduite avant un mois à compter de cette dernière séance.

Pour y revenir ensuite, on recommencera le même procédé, et toujours ainsi jusqu'à un scrutin favorable.

ART. 142. — Les scrutins et les réceptions à tous les grad.·., doivent être annoncés par la pl.·. de convocation.

ART. 143. — Tout F.·. qui demande une augmentation de salaire, devra, avant que le grad.·. lui soit conféré, justifier du paiement de toutes ses redevances pécuniaires, même des redevances du grad.·. qu'il sollicite.

SECTION QUATRIÈME.

Des démissions, des congés et droits aux lettres d'honoraires.

ART. 144. — Toute démission doit être donnée par écrit et signée. Elle est déposée dans le sac des propositions ou adressée à l'At.·., dans la personne de son Présid.·..

ART. 145. — Si l'At.·. le juge convenable, une députation de trois Memb.·. est chargée de se transporter auprès du F.·. qui a donné sa démission pour l'inviter à la retirer. S'il s'y refuse, cette démission est acceptée; dans le cas contraire, elle est regardée comme non avenue.

ART 146. — Le délai d'un mois est toujours accordé à un F.·. pour retirer la démission qu'il a donnée; mais il doit le faire par écrit. On consigne le désistement de sa demande sur le livre d'or ou d'archit.·..

ART. 147. — Tout F.·. démissionnaire est tenu

d'acquitter ce qu'il doit à l'At.·. ; s'il s'y refuse, sa démission n'est point acceptée, et il est procédé contre lui ainsi qu'il est prescrit par les articles 164 et suiv.·..

Une demande en congé doit être faite par écrit à l'Atel.·. qui en délibère. La pl.·. des travaux du jour en contient la mention.

Un congé ne peut être accordé pour plus d'une année; mais il peut être renouvelé après ce terme avec les mêmes formalités. Il est refusé à tout Frère qui n'est point à jour avec la caisse.

Un congé ne dispense pas du paiement des cotisations ; néanmoins elles peuvent être remises ou modérées d'après un arrêté spécial de la L.·..

Art. 148. — La L.·. pourra accorder le titre de *Memb.·. honor.·.* à tout F.·. muni du 3e grad.·.; résidant hors de la commune de Limoges, et lorsqu'il en aura fait la demande par écrit.

Art. 149. — Toute délibération relative à l'obtention de lettres honoraires, devra être indiquée sur la pl.·. de convocation.

Elles seront accordées à l'impétrant à la majorité des suffrages, et après qu'il aura justifié du paiement intégral de ses redevances.

SECTION CINQUIÈME.

Des Fêtes d'Ordre et des Banquets.

Art. 150. — Il y a deux fêtes d'ordre, la première au solstice d'été, la deuxième au solstice d'hiver.

Ces deux fêtes seront toujours suivies d'un banq.·.

A chaque fête solsticiale il sera délivré aux pauvres une quantité de pierre brute que déterminera la L∴ Tous les FF∴ seront tenus de payer la part des dépenses que nécessitera cette distribution.

Art. 151. — Les tr∴ de table doivent toujours être dirigés et exécutés suivant les usages maçon∴; ils ne peuvent être ouverts et continués que dans le local de la L∴; ils sont tenus au premier gr∴ symb∴

Art. 152. — Il y a cinq santés d'obligation :

1º Celle du Souverain et de sa famille, à laquelle on joint des vœux pour la patrie;

2º Celle du G∴ O∴ de France, du G∴ Maître de l'Ordre, de tous les At∴ et des GG∴ O∴ étrangers;

3º Celle du Vénérable en exercice;

4º Celle des Surv∴, des Offic∴ dig∴ des At∴ affiliés et des Frères visiteurs;

5º Celle de tous les Maç∴ existans sur l'un et l'autre hémisphère.

Pour cette dernière santé, l'At∴ forme la chaîne d'union dont le F∴ servant fait toujours partie.

Art. 153. — Toutes les santés sont portées par le Vén∴ à l'exception de la troisième qui est portée par les deux surveillants. La quatrième est répétée par deux Membres de l'At∴ possédant au moins le gr∴ de M∴ et non dignitaires, désignés par le Présid...

Ces santés sont portées debout et à l'Ordre, c'est-à-dire si la plate-forme est un fer à cheval et est garnie de FF∴ intérieurement et extérieurement, les FF∴ placés extérieurement se tiennent seuls debout; les autres restent assis et à l'Ordre. Chaque santé est terminée par une triple batt∴

Art. 154. — La dernière santé est immédiatement suivie de la clôture générale des trav∴

SECTION SIXIÈME.

Des Pompes funèbres.

Art. 155. — L'Atel.·. consacre un jour de chaque année à répandre des fleurs sur les urnes cinéraires des FF.·. décédés dans cet intervalle. L'Orat.·., ou tout autre F.·., prononce un discours en l'honneur des FF.·. décédés.

Art. 156. — Lorsque le Vén.·. est instruit qu'un F.·. vient de décéder, il fait prévenir tous les FF.·. pour assister au convoi funèbre.

Art. 157. — Les pompes funèbres exigent des batt.·. de deuil. Les acclamations d'usage y sont remplacées par l'expression de la douleur.

SECTION SEPTIÈME.

Du F. Servant.

Art. 158. — Le Serv.·. est un F.·. nommé et salarié par la L.·. pour exécuter les ordres du Vén.·. et des Off.·. dignit.·..

Il doit, une fois par jour, se rendre auprès du Vén.·. pour lui demander ses ordres.

Il doit être au moins réguliérement pourvu du premier grad.·. symb.·., mais il ne peut assister à aucune délibération ni recevoir le mot de Sem.·..

CHAPITRE III.

Des Redevances pécuniaires.

ART. 159. — La L∴ assure les dépenses de son administration :

1o Par des rétributions annuelles de chacun de ses Memb∴ actifs ;

2o Par le prix de l'initiation et la collation des grad∴..

3o Par le prix des certificats maç∴..

ART. 160. — Le prix de la cotisation annuelle dû par chaque membre est de 20 fr. payables par quart, de trois en trois mois et d'avance.

Les droits d'initiation aux trois grad∴ symb∴.., également exigibles d'avance et dont est responsable, dans tous les cas, le parrain envers le Trésorier et le Trésorier envers l'At∴., sont ainsi fixés :

Pour le gr∴ d'App∴ . . . . 50 fr.
Pour celui de Comp∴ 20
Pour celui de M∴ 30
Le droit d'affiliation est de. 15
Celui de régularisation de. 30

ART. 161. — Le prix des certificats maç∴ est fixé à six francs.

ART. 162. — L'année maç∴., relativement au droit de trimestre à payer, compte à dater du premier jour de l'année maç∴..

ART. 163. — Tout Memb∴ nouvellement admis

doit en entier le trimestre courant dans lequel il entre.

Il en est de même du trimestre dans lequel il quitte l'At.·..

Art. 164. — Indépendamment des prix fixés ci-contre il sera perçu au profit du F.·. serv.·. :

A chaque réception au gr.·. d'App.·. 5 fr.
A celle de Comp.·. . . . . 1 fr. 50
A celle de M.·. . . . . 2 fr.
Et lors d'une affiliation ou d'une régu-
larisation. . . . . 2 fr.

CHAPITRE IV.

De la Discipline intérieure des At.·..

SECTION PREMIÈRE.

Du refus de Paiement.

Art. 165. — L'irrégularité résultant du refus de payer les cotisations, est constatée de la manière suivante :

Après deux trimestres échus, dont le paiement n'aura pas été effectué, le Présid.·., le Secrét.·. et le Trés.·., sur le rapport obligé de ce dernier, adressent, à un mois d'intervalle, au F.·. retarda-taire, deux invitations de se mettre à jour avec la caisse, en lui rappelant les conséquences de son refus.

Ce F∴ est tenu d'accuser au Présid∴ réception de ces deux pl∴.

ART. 166. — Si le F∴ retardataire garde le silence sur la première invitation, il est provisoirement suspendu de ses droits et de ses fonctions maçon∴.

ART. 167. — Après la seconde invitation, s'il continue à garder le silence, ou si la réponse est évasive et n'offre aucune garantie de paiement, ou s'il le refuse formellement, le rapport en est fait par le Trés∴, et consigné dans la pl∴ dès trav∴ du jour.

ART. 168. — Sur le rapport obligé du F∴ orat∴, il est officiellement notifié au F∴ retardataire, par le Secrét∴, que, si dans le délai de trente-trois jours il n'a pas effectué dans les mains du Trés∴ le paiement de ce qu'il doit, il sera, par ce fait même, déclaré en état d'irrégularité, rayé du tabl∴ des Membres de l'At∴, et signalé comme tel au G∴ O∴.

ART. 169. — Après cette notification, si ce F∴ persiste dans son silence, dans ses réponses évasives, ou dans son refus formel de paiement, le Trés∴ en informe l'At∴, qui, sur le réquisitoire obligé de l'Orat∴ et par l'organe du Présid∴, déclare l'irrégularité de ce F∴, et ordonne sa radiation du tableau des Membres.

ART. 170. — Les notifications prescrites art. 166 et 169 sont toujours adrsssées, par la voie de la poste, au domicile connu du F∴ retardataire.

ART 171. — L'extrait de la délibération du jour, en ce qui concerne le Maç∴ radié doit être envoyé, dans l'espace d'un mois pour tout délai, au G∴ O∴, pour l'application des art. 847 et 848 des Statuts généraux. Cet extrait est scellé, timbré et signé par les cinq premières Lum∴ de l'At∴

SECTION DEUXIÈME

Des Fautes et des Délits.

Aʀᴛ. 172. — Les infractions maçon∴ se composent de fautes et de délits.

Le fautes sont la violation de la discipline intérieure, telles que les inattentions, colloques, interruptions; le passage d'une col∴ à l'autre sans autorisation; enfin l'oubli des bienséances.

Aʀᴛ. 173. — Les délits sont de deux classes, savoir :

Délits contre les mœurs et délits contre l'honneur.

Le délits contre les mœurs sont l'intempérance, les propos grossiers ou inconvenans tenus à haute voix, l'insubordination maçon∴ accompagnée de circonstances graves, les récidives fréquentes et volontaires des fautes indiquées dans l'article précédent, le port des insignes maçon∴ sur la voie publique. Ces insignes ne pourront être portés que sur le lieu de l'inhumation, au moment de rendre le dernier devoir à un F∴ décédé.

Aʀᴛ. 174. — Les *Délits contre l'honneur* renferment tout ce qui tend à avilir le Maç∴ ou la Maç∴, tels que la collat∴ clandestine et le trafic des grades, le préjudice volontairement porté à la réputation et à la fortune d'autrui; enfin tout ce qui, dans l'ordre social, est noté d'infamie.

Aʀᴛ. 175. — La peine attachée aux fautes est prononcée par le Présid∴, qui l'inflige avec discrétion; il peut même imposer au F∴ qui les commet une amende au profit des pauvres, dont le *minimum* est fixé à 1 fr. et le *maximum* à 5 fr.

Le rappel à l'ordre, avec ou sans mention nominative au livre d'or ou d'architect∴, suffit pour les fautes légères.

Si un F∴ se refuse à subir la peine infligée par le Présid∴, son admission dans l'At∴ est ajournée jusqu'à ce qu'il y ait satisfait.

ART. 176. — Pour les délits la L∴ se conformera aux dispositions pénales des art. 379 et 380 des Statuts et Réglements généraux.

SECTION TROISIÈME.

Du Comité d'Instruction.

ART. 177. — Les délits contre les mœurs et contre l'honneur exigent une instruction et un jugement.

L'instruction et le jugement auront lieu conformément aux art. 381 et 408 inclusivement des Statuts et Réglements généraux.

CHAPITRE V.

ART. 178. — La L∴ arrête que le présent Réglement sera imprimé, et qu'un exemplaire en sera remis à chacun des FF∴ afin qu'ils n'en ignorent.

ART. 179. — Il en sera adressé deux autres exemplaires scellés, timbrés, certifiés par le Vén∴,

et contre-signés par le Secr.·., au représentant de
la L.·., dont un pour lui, l'autre avec invitation
de le présenter au G.·.O.·. de France et aux LL.·.
de correspondance.

Vu et approuvé par la L.·. des ARTISTES RÉU-
NIS, à l'O.·. de Limoges, pour être exécuté dans
toutes ses dispositions.

BARON, *Vén.·.*

NOUHAUD,
1er *Surv.·.*

MONNERON,
2e *Surv.·.*

Garde des Sc.·., Timb.·. *et* Arch.·.,
FERRÉOL.

Par Mandement,
FOUGÈRE, *Secrét.·.*

Nous, Membres de la Commission nommée pour pro-
céder à la rédaction de ce Réglement, certifions qu'il est
conforme dans tout son contenu, à tous les articles qui
ont été discutés et adoptés par la L.·.

NOUHAUD, 1er *Surv.·.*

VILLEGOUREIX, *Orat.·.*

ABRIA, *Rapporteur.*

TABLE DES MATIÈRES.

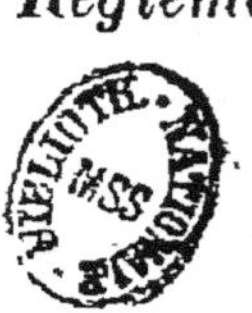

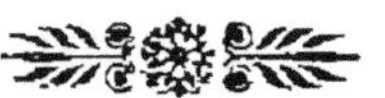

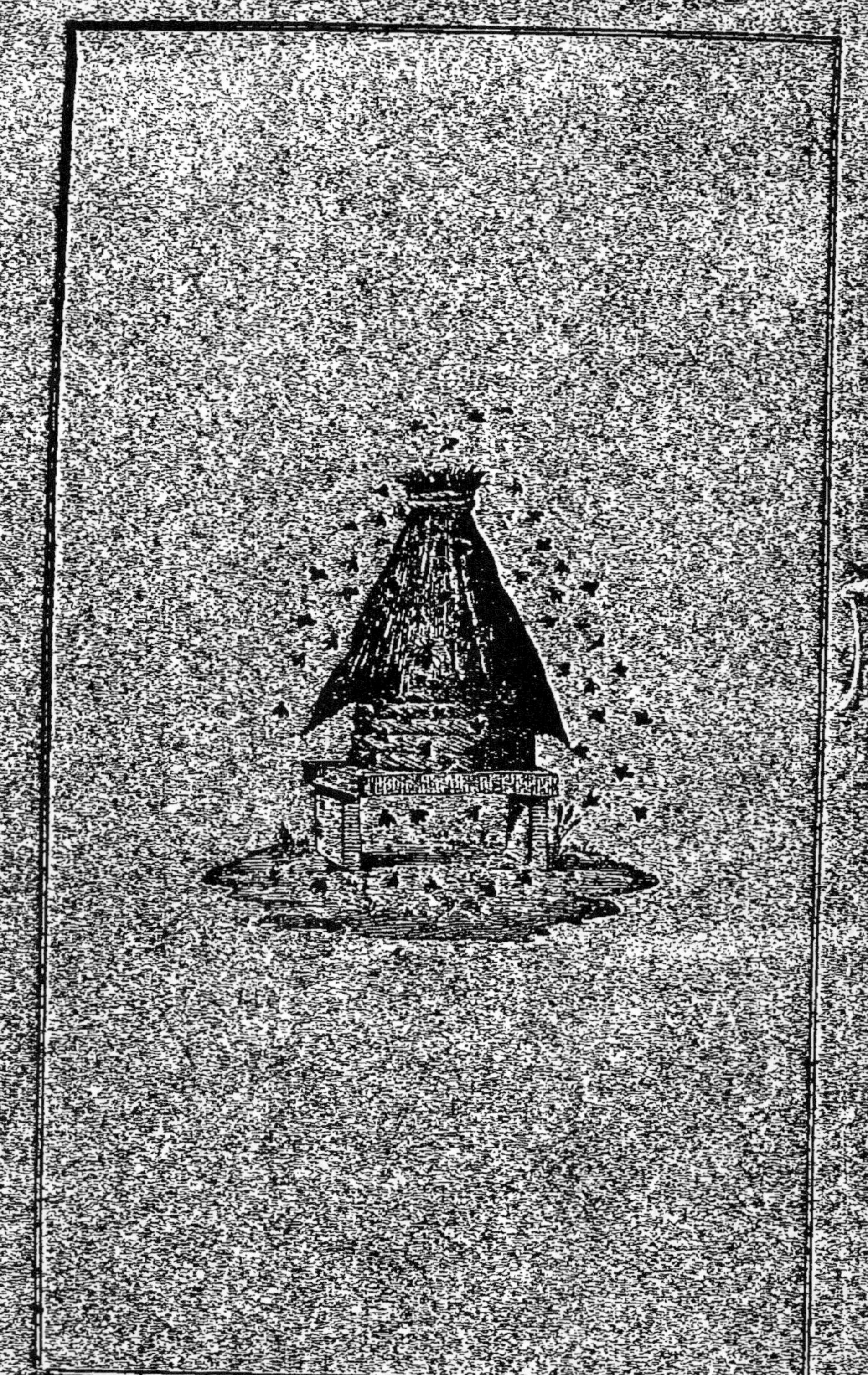

www.ingramcontent.com/pod-product-compliance
Lightning Source LLC
Chambersburg PA
CBHW061238030726
47595CB00004B/1596